AF466302

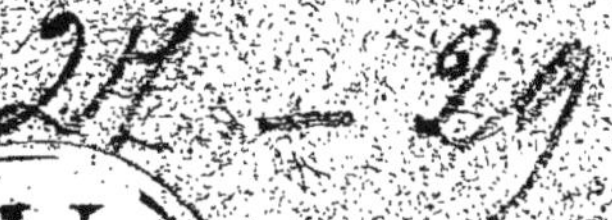

8° V 14870

Automobiles
G. BROUHOT
à VIERZON (Cher)

DEPOT LEGAL
PUY DE DOME
N° 27
1907

INSTRUCTION

Sur la conduite et l'entretien des Automobiles 8 et 10 HP à commande par cardan

Direction et Ateliers à Vierzon

Succursales à Paris dirigées par la Maison de Vierzon

Bureau de Vente et Magasins	Ateliers de Réparations pour Paris
83, Av. de la Grande-Armée	42, Rue Saint-Ferdinand

8° V 14870

AUTOMOBILES

G. BROUHOT

à VIERZON (Cher)

BIBLIOTHÈQUE NATIONALE RF IMPRIMÉS

INSTRUCTION

Sur la conduite et l'entretien des Automobiles 8 et 10 HP

à commande par cardon

* * *

PRÉFACE

L'entretien de nos voitures est très simple, leur conduite en est facile ; mais nous tenons néanmoins à donner à nos clients quelques indications à ce sujet, en leur recommandant de les suivre ponctuellement s'ils veulent tirer de leur automobile tout le parti possible et la voir durer longtemps.

Ils ne doivent pas en effet perdre de vue que la plupart, pour ne pas dire tous les ennuis qu'ils peuvent avoir, bruit, vitesse insuffisante, fumée, rupture de pièces, usure, proviennent presque toujours d'un mauvais graissage ou d'un entretien insuffisant des organes du châssis, qu'ils pourront éviter en suivant ces instructions.

Nous ne voulons pas faire ici un cours d'automobile ; cette notice ne sera donc pas descriptive ni du modèle, ni de la manière d'agir de chacun des organes qui le constituent. Elle ne peut donc être lue utilement qu'en ayant la voiture sous les yeux; et notre but sera pleinement rempli si nous aidons ainsi notre client à connaître les réglages à faire, les soins à donner à sa machine et à prendre confiance en elle ; ce qui du même coup lui donnera confiance en lui-même en tant que chauffeur.

Nous profitons aussi de cette instruction pour familiariser nos clients avec les termes techniques automobiles. Nous insistons donc auprès du lecteur pour qu'il porte son attention sur ces termes que nous avons pris soin de souligner la première fois qu'ils se présenteront dans le récit. La phrase elle-même contient implicitement la définition de l'expression. Cela permettra à nos clients de pouvoir correspondre avec nous en un langage simple et clair; ce qui facilitera et activera beaucoup le travail de chacun. Le catalogue des pièces de rechange fournira dès lors le complément naturel de cette instruction et sera compréhensible pour tous.

GRAISSAGE

Il y a lieu d'y attacher tout le soin qu'il comporte si l'on veut que les organes de la voiture durent longtemps. On doit être très pointilleux sur cette question, qu'on le fasse soi-même ou qu'on le fasse faire par son mécanicien.

Il ne faut pas oublier qu'il vaut mieux graisser trop que pas assez. Un graissage trop abondant n'a d'autres inconvénients qu'une perte d'huile et par suite une plus grande saleté des organes, facilement nettoyables par l'essence ; tandis que le manque de graissage peut avoir des conséquences graves : échauffement ou même grippage des coussinets du vilbroquin, ou des segments dans le moteur et des roulements dans les autres organes. Un roulement qui a chauffé doit être démonté et presque toujours remplacé.

Graissage du moteur. — Il doit toujours y avoir dans le *carter du moteur* (2) un litre d'huile pour les moteurs de 8 HP (abréviation du mot anglais — horse power — veut dire cheval vapeur) et deux litres pour les moteurs de 10 HP. Il ne faudra pas oublier que les carters inférieurs de ces derniers sont séparés en deux parties pour que, en côte par exemple, l'huile ne vienne pas toute à l'arrière. On devra donc s'en occuper comme s'il y en avait deux.

Pour se rendre compte de ce qu'il reste d'huile dans le carter; on ouvre les 2 *robinets purgeurs* (3) placés sous le carter et au milieu. Chaque robinet correspond à une moitié du carter. Ils se manœuvrent séparément à la main ou bien ensemble à l'aide d'une tige située sur le côté.

Pour remettre l'huile, on ferme ces robinets purgeurs et on verse avec un entonnoir un litre d'huile dans chacun des tubes verticaux placés au bout du moteur et allant directement au carter et qu'on appelle des *reniflars* (4). Ils sont coiffés d'un chapeau en treillis très fin qu'on enlèvera en tirant dessus.

On doit employer de préférence de *l'huile D* ou des huiles similaires de consistance à peu près égale et vendues pour moteurs à pétrole à grande vitesse. Elles sont livrées en bidons carrés plombés de 1 ou 2 kilogrammes. Il faut toujours avoir une grande méfiance pour les huiles livrées non en bidon et sans marque. Ce sont généralement des huiles pour machines ordinaires, mais qui ne conviennent pas pour ces moteurs fonctionnant à chaud. Elles sont toujours d'un prix bien inférieur. En été l'huile peut trop chauffer dans son réservoir et devenir trop fluide ; alors on a avantage à acheter des huiles vendues dans les mêmes bidons mais marquées *huile épaisse*. On ne doit jamais employer d'huiles végétales, huile d'olive, d'œillette au autre, ni d'huiles mélangées soit entre elles, soit avec du pétrole pour les fluidifier ou les épaissir. La qualité des huiles se reconnaît au toucher et à chaud. Elles doivent avoir *du corps*, c'est-à-dire ne pas fuir sous la pression des doigts. Mais il faut une extraordinaire habitude pour les juger ainsi. Donc il faut prendre malgré leur prix, des huiles de marques connues et spéciales pour l'automobile. On en trouve dans tous les dépôts d'essence.

En route le moteur doit être graissé par le *compte-gouttes*. Expliquons son usage. Sous le *capot* (5) (fig. 2) en tôle qui recouvre tout le moteur et attaché à la *planche* (6) se trouve le *réservoir à huile* (7). On doit le remplir au départ et tous les 200 kilomètres par son *bouchon* (11), un niveau en verre indique combien il reste d'huile dedans. La *pompe à huile* (8) (fig. 1) située sur le moteur et à gauche, prend l'huile dans le réservoir et la fait monter dans la *rampe de graissage* (9), le surplus retombe dans le réservoir. Elle passe alors goutte à goutte et d'une façon visible aux divers organes de la voiture. Pour savoir où va l'huile de chacun de ces *compte-gouttes* il suffit de suivre la direction prise par les tuyaux.

On doit constamment en cours de route surveiller

les compte-gouttes. Pour les régler, on commence par dévisser à la main le *bouton molleté* (12) qui se trouve à leur base ; on serre alors par le bouton molleté du haut (13) jusqu'au réglage convenable ; et on immobilise ensuite la *vis pointeau* (12) par le bouton molleté du bas. Il ne faut pas employer de force pour ces petits organes, et ne se servir que de la main.

Le réglage que l'on fait tout de suite au départ se modifie beaucoup quand on roule, parce que l'huile chauffe et coule trop vite. On règle de nouveau étant en marche.

Il faut faire en sorte qu'il passe de 50 à 60 gouttes d'huile à la minute dans chacun des compte-gouttes.

Ces débits pourront être variés par le conducteur : en particulier ils devront être forcés quand le moteur travaillera beaucoup ; ou si l'on s'aperçoit que la température du carter monte assez pour que l'on ne puisse plus y tenir la main. Enfin quand la voiture est neuve il faut graisser abondamment pendant les 500 premiers kilomètres, quitte même à encrasser le moteur.

Si la *voiture fume*, ce qui à Paris notamment peut vous attirer des contraventions, il faut restreindre ou même arrêter les deux compte-gouttes allant aux cylindres et ne les rouvrir doucement que quand la fumée aura cessé.

Tous les 800 à 1,000 kilomètres, on doit vider complètement le carter du moteur et jeter l'huile noire, dite *cuite*, qu'il contenait et qui ne vaut plus rien pour le graissage, même après avoir été filtrée. Elle n'a plus de corps. On devra faire cette vidange en rentrant pendant que le carter et le moteur sont chauds, sinon il en resterait trop après les parois et l'on n'aurait pas rempli le but que l'on se proposait.

La Boîte de changement de vitesse et son graissage. — Il faut lever le plancher de la voiture situé sous les pieds du conducteur pour mettre à jour la boîte de vitesse. On ènlève alors la plaque de regard carrée qui la ferme en desserrant les deux écrous à oreilles qui la tiennent. Par cette ouverture on introduit un mélange à parties égales d'huile de moteur et de *graisse consistante* jaune. On achète cette dernière en boîtes en même temps que l'huile et il faut toujours en avoir sous la main même sur la route. Ce mélange doit monter jusqu'au niveau inférieur des roulements à billes des arbres de mouvement.

Au point de vue de la nomenclature des pièces. Nous trouvons : le carter en deux parties, *carter supérieur* et *carter inférieur*, ce dernier portant les pattes d'attache. A l'intérieur se trouve : en premier lieu un arbre taillé en carré d'où son nom d'*arbre carré* et sur lequel glissent deux engrenages dits *balladeurs*. Celui qui travaille en première vitesse et en marche arrière est dit *balladeur* de *première vitesse*; l'autre travaillant en deuxième vitesse et portant les *griffes* de l'attaque directe en troisième vitesse, est dit de deuxième vitesse. Ce dernier engrenage prend par ses griffes avec *l'engrenage de renvoi de l'arbre carré* qui est fou sur ce dernier.

Vis-à-vis de cette arbre carré est l'arbre intermédiaire, portant trois engrenages fixés invariablement sur lui. L'un travaille en première vitesse, l'autre en seconde vitesse, le troisième est toujours en prise avec l'autre engrenage de renvoi de l'arbre carré.

Enfin l'engrenage de marche arrière est monté sur un axe excentré, commandé par une crémaillère et un levier de renvoi, et qui vient en prise avec les engrenages de première vitesse pour obtenir la marche en arrière.

En cas de changement des engrenages, il faut changer ensemble ceux qui marchent ensemble si l'on ne veut pas avoir de bruit. L'usure est normale quand les dents diminuent régulièrement sur leur épaisseur, elles peuvent diminuer de moitié avant que leur solidité soit vraiment compromise; mais si elles sont usées sur leur bord, c'est que le conducteur change mal de vitesse;

il fera bien de voir ce que nous disons à ce sujet.

Les balladeurs sont actionnés par des *fourchettes* dont les tringles sont elles-mêmes prises par le *doigt* du levier de changement de vitesse lui-même.

Roulements à billes. — Pour la commande de ces roulements, le mieux est de nous dire où ils se trouvent mais cependant nous envoyer en plus : le diamètre intérieur, le diamètre extérieur et la largeur, le tout en millimètres. Il n'y aura ainsi aucune erreur possible.

Nous dire s'il faut fournir aussi la boîte en bronze dans laquelle ces roulements sont toujours montés. Si l'on en a en provision, les conserver complètement couverts de graisse pour éviter la rouille qui les perdrait.

L'Essieu différentiel et son graissage. — C'est l'essieu arrière complet (fig. 3). Voyons d'abord son graissage :

Au milieu de l'essieu est fixé le *carter en acier*, grande pièce en deux parties de forme conique (27) serrées entre elles solidement par des boulons. Tout le mécanisme est intérieur. On graissera donc comme pour le carter du moteur avec la même huile. On commencera par vider le carter à l'aide du petit bouchon en bronze placé en dessous. On verse alors, par le gros *bouchon de remplissage* situé tout à fait en haut du carter, un litre d'huile. On devra en remettre à chaque sortie; mais la vidange n'est nécessaire que tous les 5,000 kilomètres sauf quand la voiture est neuve, où il faut le faire au bout des 200, puis 400 premiers kilomètres. L'arbre d'entrée du mouvement, portant le pignon de commande, se graisse en mettant de l'huile dans son godet spécial, avec une burette.

Au point de vue de la nomenclature des pièces, nous trouvons: dans le carter du milieu, une grande couronne à denture oblique dite *couronne de différentiel* (28), attaquée par le *pignon d'angle* (14). Dans la couronne et attachée à elle se trouve une boîte dite différentiel et garnie intérieurement d'engrenages et d'où sortent les deux *arbres de différentiels* (15) portant emmanchés à carré chacun un pignon (17). Dans le *boîtier du différentiel* (16) se trouvent non seulement le pignon d'attaque des arbres du différentiel mais encore les six petits *pignons satellites*. Deux roulements à billes (18) et deux butées à billes soutiennent les arbres du différentiel.

Dans le carter prennent deux tubes (19) allant jusqu'aux roues. Il sont attachés aux ressorts par les *patins* (20) et à l'aide de deux U en fer avec écrous aux bouts dits *brides de ressorts* (21). Au delà des patins se trouvent deux roulements à billes pour maintenir les arbres appelés *roulements des moyeux* (22). Les *moyeux* (23) sont les pièces qui tiennent les *rais* (25) des roues et qui à l'arrière sont fixés à carré sur les arbres de différentiel. Ils sont terminés par les *chapeaux de roue* (26) en bronze.

Contrairement aux roues avant il n'y a aucun graissage à effectuer par ces chapeaux. Mais on doit graisser les roulements des moyeux par les deux graisseurs à graisse à pression appelés *staufer* (24), placés entre le patin et la roue sur le tube d'essieu.

Ces staufer dont il y a plusieurs spécimens sur la voiture, servent tous à introduire comme par une seringue de la graisse dans l'intérieur d'une partie tournante. Pour les garnir on dévisse complètement par l'oreille le chapeau qui vient seul ; on le remplit de graisse complètement ; puis on le revisse à sa place. Cela force la graisse à entrer dans le conduit sur lequel il est vissé. Arrivé à fond, on regarnit à nouveau.

Les graisseurs des moyeux arrière doivent être tournés de deux tours chaque jour. Il ne faut pas enlever la rondelle et le ressort placés sous le chapeau du staufer ; ils sont là pour l'empêcher de se dévisser en route.

Graissage des autres organes de la voiture. — Indépendamment des organes précédents qui sont de beaucoup les plus importants à surveiller comme graissage, il y a encore un certain nombre de pièces à graisser pour qu'elles ne s'usent pas.

En allant de l'avant à l'arrière nous trouvons :

1° Dans le moteur ; il y a lieu de graisser toutes les articulations extérieures avec une burette, surtout si le moteur n'a pas tourné depuis un certain temps. Par exemple, les *guides de soupapes* (62) en leur mettant de l'huile à l'endroit où la *queue de la soupape* (63) sort de cette pièce et au travers du *ressort* (64) (voir fig. 1) ;

Les *poussoirs de soupapes* (30) et leurs *guides* (31), sortes de petites tiges en acier qui en se levant viennent pousser sur la queue des soupapes ;

Les *tiges de rupteurs* (32) et leurs guides, en leur mettant de l'huile par le dessus du moteur ;

Les *leviers de rupteurs* (33), petites équerres à deux branches en acier, munies d'un ressort, dit *ressort de rupteur* (34). Au contraire *l'inflammateur* (35), reconnaissable à sa tête en bronze sur laquelle prend la fiche d'amenée du courant, ne doit pas être huilé ;

L'*axe du ventilateur*, pour ménager ses mouvements à billes ;

2° Les *moyeux des roues avant* (36)qui contiennent deux roulements à billes chacun (fig, 4). On les huile en enlevant les *chapeaux* en bronze (37) qui les recouvrent, en les remplissant de graisse et en les revissant ;

3° Les *axes de pivotement* (38) des fusées des roues avant, par le graisseur placé sur le dessus de cet axe ;

4° L'axe du cône d'embrayage (voir fig. 5), par les 2 trous (41) et (41 bis) ménagés à cet effet dans celui-ci et fermés normalement par une vis à tête ronde. On mettra également de l'huile au roulement à billes (39) de la *fourchette d'embrayage* (40) ;

5° Le *cardan* faisant corps avec la *poulie de frein du différentiel* (42) (voir fig. 4), en graissant ses quatre coussinets au moyen de la seringue à huile. On oublie souvent cet organe parcequ'il n'est pas accessible sans lever le plancher du conducteur ;

6° Le *cardau six pans* (43) placé à l'entrée de l'*essieu différentiel* (44). Il est renfermé dans une gaine de cuir. On doit remplir cette gaine de graisse consistante et la maintenir pleine ;

7° Mettre de l'huile à la burette à toutes les articulations du châssis et de la timonerie. En particulier : aux boulons de ressorts (45), en mettant l'huile entre les *jumelles* et l'*œil des ressorts,* ce qui est très important au point de vue de la suspension ; aux articulations de toutes les tiges de commande des 2 freins ; aux articulations des patins de l'essieu différentiel (47) ; dans les quatre trous de graissage de la barre horizontale de commande des vitesses ; enfin aux deux *chapes* (48) de la *barre de direction* (49), tige joignant entre elles les deux roues avant ;

8° Donner chaque jour deux tours au graisseur à graisse fixé sur la boîte de direction (en 56) (fig. 6)

Mise en marche et conduite de la voiture

On s'assure d'abord que le *radiateur* (50) est plein. On enlèvera son bouchon en appuyant sur sa tête et en tournant de un quart de tour. Le remplissage doit se faire avec un entonnoir à tamis.

On s'assure qu'il y a de l'essence dans le réservoir à essence placé sous le siège. On dévisse pour cela le plus petit des deux bouchons, dit bouchon de jauge ; il sort alors une tige graduée sur làquelle on lit au ras de la collerette du bouchon le nombre de litres restant. S'il manque de l'essence on en remet par le gros bouchon vissé. Il faut employer un entonnoir à tamis très fin comme on en fabrique spécialement ; car la moindre saleté dans l'essence boucherait le gicleur du carburateur. On ne doit pas se servir du même entonnoir pour mettre l'eau et l'essence, sinon on mettrait de l'eau dans l'essence, ce qui peut en route arrêter le moteur. Si de l'eau se mêlait à l'essence on pourrait la tamiser au travers d'une peau de chamois ; l'eau ne passe pas. Si l'on n'a qu'un tamis, alors on s'en servira d'abord pour l'essence, ensuite pour l'eau. On peut avoir des chances que l'eau s'évapore du tamis avant que l'on s'en resserve à nouveau pour l'essence.

Indépendamment de l'essence du réservoir il sera prudent de mettre un bidon de cinq litres dans le coffre de la voiture, pour le cas où l'on se laisserait surprendre par le manque d'essence.

Ceci vérifié, et le graissage étant également soigneusement fait, on procède à la mise en marche réelle :

On ouvre le *robinet d'essence*, placé sous le plancher du conducteur et tout à fait à droite. Il est suivi d'un filtre à essence pour retenir les saletés entraînées par le liquide. On met la *manette du volant* qui commande l'obturateur des gaz, à environ moitié de sa course. On s'assure que le levier de changement de vitesse est au point mort, c'est-à-dire au milieu de son secteur et que le levier de frein à main est serré, donc dans la position arrière. Puis on prend de la main droite la *manivelle de mise en marche* (51) et on la tourne doucement en poussant dans le sens des aiguilles d'une montre. On sent alors qu'on fait tourner le moteur. On donne toujours d'une seule main deux ou trois tours de suite à cette manivelle, donc au moteur et cela rapidement. Le moteur doit partir.

Dès la première explosion, on retire la manivelle à soi et on l'abandonne. Si elle se mettait à tourner ne pas y toucher.

Si le moteur ne partait pas à la première tentative, appuyer légèrement un ou deux petits coups sur la boule du poussoir du flotteur du carburateur. Pour cela il faudra lever le capot du côté droit. On ferait une autre tentative et le moteur partirait.

En cas d'insuccès encore, s'armer de patience, bien voir si l'on n'a rien oublié de manœuvrer, et essayer plusieurs fois avant de rien démonter.

Le moteur est maintenant en route, voyons à lui faire traîner la voiture.

Le conducteur a sous la main : à sa droite :

1° Le *levier de frein à main* qui se déplace d'avant en arrière pour serrer sur un secteur denté. Ce frein agit sur les deux roues arrière et également sur chacune d'elles. En même temps il débraye; c'est-à-dire qu'il annule l'action du moteur ;

2° Un autre levier semblable, mais pouvant prendre quatre positions différentes à fond de course dans une grille. Ces positions correspondent aux diverses vitesses que l'on peut prendre : dans le compartiment le plus près du conducteur, la première vitesse est en avant, la marche arrière en arrière et une position intermédiaire sert de débrayage ; dans le compartiment le plus loin du conducteur, la position arrière du levier donne la deuxième vitesse et la position avant la troisième vitesse.

Devant lui le conducteur a son *volant de direction* pour diriger la voiture et dans ce volant une *manette* qui sert à elle seule à donner suivant sa position toutes les vitesses au moteur ; à fond de course elle arrête le moteur.

Enfin sous ses pieds, le conducteur a trois pédales, deux grandes et une petite.

La grande de gauche est la *pédale de débrayage*. En appuyant dessus on sépare le moteur du mécanisme, on le dételle ; en la lâchant tout doucement, au contraire, on attelle le moteur à la voiture.

La grande de droite est celle **du frein** dit sur le différentiel. Elle sert à arrêter la voiture ; on s'en sert très souvent ; nous disons pour arrêter et non pour ralentir, car le ralentissement doit être obtenu non pas par cette pédale, mais bien en agissant sur la manette du volant ; le ralentissement est ainsi plus doux pour le voyageur comme pour

BIBLIOTHÈQUE NATIONALE B.F. IMPRIMÉS

les organes du châssis ; la pédale de frein sert à terminer l'arrêt. Elle sert également dans tous les cas de danger ; mais il ne faut pas oublier qu'il est nécessaire d'appuyer en même temps sur la pédale de débrayage. Le frein à main servira au contraire pour ralentir la voiture dans les descentes ; mais dans le cas seulement où le ralentissement par la manette du volant ne suffit pas à obtenir ce ralentissement. Dans les longues descentes, nous conseillons de se servir des deux freins alternativement pour leur laisser le temps de se refroidir. Les freins agissent dans les deux sens, c'est pourquoi il n'y a pas de béquille.

La troisième pédale, située à droite des deux autres et plus petite qu'elles, est la pédale d'accélérateur. En appuyant dessus on augmente de suite la force du moteur jusqu'à son maximum. Cela servira pour dépasser une voiture dans une ville, ou pour pousser le moteur au moment d'un embrayage ou lorsque trop ralenti on sent qu'il va rendre l'âme et s'arrêter.

Le conducteur a en plus sa trompe d'appel dont on connaît l'usage et qu'il doit toujours avoir sous peine de contravention ; il a de plus sa rampe de graissage à surveiller.

Donc pour tous les organes que le conducteur a sous la main, nous connaissons la manière de s'en servir, sauf le changement de vitesse. Prenons cette question.

La voiture est arrêtée et en attente. On laissera tourner son moteur si l'on ne doit pas rester plus de quelques minutes, sinon on l'arrêtera ; cela vaut mieux et c'est si facile de remettre en route un moteur chaud. S'il doit continuer à tourner on diminuera l'allure du moteur en agissant sur la manette du volant ; moins il tournera vite, moins il usera d'essence et fera de bruit. Mais il faut se rappeler qu'au-dessous d'une certaine vitesse, un rien peut l'arrêter ; aussi, les premiers temps, le chauffeur apprendra à ses dépens à reconnaître la plus faible vitesse à donner au moteur; l'hiver il faut garder une vitesse plus grande qu'en été.

Pour faire partir la voiture, la faire démarrer comme l'on dit, le moteur tournant, il faut faire successivement les opérations suivantes :

Appuyer bien à fond sur la pédale de débrayage, maintenir avec la main gauche le volant de direction ; ramener complètement en avant le levier de frein à main ; donner au moteur de la vitesse en mettant la manette du volant à moitié de sa course environ, plus même si l'on est en côte, ou si la voiture est chargée ; cela fait, faire fonctionner le levier de changement de vitesse et l'amener dans le cran de la première vitesse, ou bien de la marche arrière suivant le cas.

Si l'on éprouvait une résistance, cela proviendrait de ce que les dents des engrenages ne seraient pas en face les unes des autres ; ne pas forcer, on risquerait de fausser les fourchettes ou leur commande ; mais bien opérer ainsi : relever très légèrement la pédale de l'embrayage jusqu'à ce que le cône touche le volant et s'entraîne, faisant tourner en même temps l'un des engrenages ; puis pousser à fond la pédale de débrayage et de suite faire la manœuvre du changement de vitesse qui est facile.

Cette manœuvre faite, relever doucement le pied gauche qui tient le débrayage ; et la voiture part doucement et sans choc. Pour augmenter cette vitesse, ou pour aider le moteur, ne pas déranger la manette du volant, mais bien appuyer avec le pied droit sur la pédale de l'accélérateur plus ou moins suivant la vitesse que l'on veut.

Pour passer d'une vitesse à une autre, opérer de la même façon, c'est-à-dire : enlever le pied droit de sur la pédale de l'accélérateur et appuyer aussitôt et jusqu'à fond sur la pédale de débrayage. Pousser alors le levier de changement de vitesse dans le cran de la vitesse que l'on veut obtenir, en ayant soin de ne passer qu'à la vitesse suivante ; puis embrayer progressivement de façon à éviter un embrayage trop brusque, ce qui est nuisible aux organes de la voiture et secoue le voyageur. Sitôt l'embrayage opéré, appuyer progressivement le pied sur la pédale de l'accélérateur pour augmenter la vitesse.

Nous engageons à se servir le plus possible de l'accélérateur au pied, de façon à toujours laisser la manette du volant sur le point intermédiaire que nous avons indiqué pour que le moteur ne puisse jamais prendre une allure exagérée quand on débraye, et faire ainsi du bruit. En campagne et sur belle route on pourra au contraire conduire par la manette, car on ne change pas de vitesse.

Pour ralentir la voiture : commencer par enlever le pied de sur l'accélérateur, puis s'il est besoin serrer encore la manette du volant ; et enfin si cela n'est pas encore suffisant, changer de vitesse en opérant exactement comme il vient d'être dit. Le frein ne doit être manœuvré qu'en dernier lieu.

Les débutants ont parfois de la difficulté à changer de vitesse, en marche ; aussi leur donnerons-nous les conseils suivants, espérant qu'ils les aideront à ne pas massacrer leur changement de vitesse.

Pour que le changement de vitesse se fasse bien, il faut que les dents des engrenages qu'on veut mettre en prise aient une vitesse égale ou à peu près. Si cette condition est remplie, la mise en prise se fait sans aucun grincement, ni effort.

Les changements de vitesse semblent généralement plus faciles à faire en passant d'une vitesse à une autre supérieure que pour faire l'opération inverse.

Nous allons donner ci-dessous la façon de manœuvrer, qui diffère un peu suivant les conditions dans lesquelles on se trouve.

1° Passer d'une vitesse à une autre vitesse supérieure, par exemple de la 2me à la 3me.

Attendre, avant de commencer la manœuvre, que la voiture ait bien la vitesse normale de la 2me; débrayer à fond et manœuvrer le levier de changement de vitesse de façon à dégager les engrenages en prise; marquer un petit temps d'arrêt (de 1 à 3 secondes) et continuer la manœuvre du levier pour mettre les engrenages de la nouvelle vitesse en contact; si l'on éprouve de la résistance, c'est que les vitesses des dents ne sont pas concordantes; ne pas forcer, mais attendre, en appuyant sur le levier, que la prise se fasse sans effort. Aussitôt que les engrenages sont en prise, accélérer et embrayer progressivement en faisant bien concorder ces deux mouvements pour que le moteur ne s'emballe pas, ce qui arrive si l'on accélère trop tôt, et pour qu'il ne cale pas, ce qui se produit si on embraye sans accélérer;

2° Passer d'une vitesse à une autre vitesse inférieure, par exemple de la 3me à la 2me.

Il se présente deux cas qui exigent chacun une manœuvre différente :

1er Cas. — En montant une côte en 3me vitesse, la pente augmente et nous oblige à prendre la 2me.

Ne pas attendre que la voiture soit trop ralentie ; débrayer très peu, seulement de façon à permettre aux engrenages en prise de se dégager ; en même temps manœuvrer le levier complètement à fond sans marquer de temps d'arrêt entre les deux vitesses, embrayer et accélérer comme il a été dit plus haut.

Il est bon que toutes ces manœuvres soient faites sans brutalité, mais aussi sans mollesse, car on conçoit très bien que pendant la manœuvre, la voiture abandonnée à elle-même ralentit, et que si on attendait trop longtemps pour embrayer, on pourrait caler le moteur en démarrant.

2e Cas. — Passer d'une vitesse à une autre inférieure en descendant une côte.

C'est une manœuvre que l'on ne devrait pas avoir à faire ; car elle n'est utile que pour se servir du moteur comme frein, parce que les freins mécaniques sont insuffisants. Or justement ce changement n'est possible que si les freins agissent encore. Autrement dit, on devra prendre la deuxième avant d'attaquer la descente. Indiquons cependant comment il faut faire.

Débrayer et freiner, de façon à ralentir la voiture à une allure plutôt inférieure à celle que l'on veut prendre ; manœuvrer le levier de changement de vitesse de façon à sortir les engrenages en prise, embrayer en même temps, et sans marquer de temps d'arrêt, continuer la manœuvre du levier pour mettre en prise les engrenages de la nouvelle vitesse. S'il se produit un grincement, c'est que la voiture roule encore trop vite ; dans ce cas, freiner sans débrayer, pousser légèrement le levier sans forcer jusqu'à ce que les engrenages entrent en prise.

Pour cette manœuvre, il n'est pas nécessaire de se presser, il faut au contraire attendre que la voiture soit bien ralentie, on ne craint pas de caler le moteur en embrayant, puisque la voiture roule par son propre poids.

Dans toutes les manœuvres précédentes de changement de vitesse, la manette des gaz doit être au ralenti pour que le moteur ne s'emballe pas quand on débraye, et le pied doit avoir quitté l'accélérateur avant le début de la manœuvre.

Dérapage. — Déraper veut dire en argot automobiliste, que la voiture glisse latéralement, généralement des roues arrière, en modifiant complètement la direction qu'elle suivait, au point de pouvoir se trouver dans ce mouvement, faire un tête à queue complet.

On a maintenant des pneumatiques ferrés, dits antidérapants qui évitent ces fâcheux mouvements. Nous conseillons de les employer en hiver principalement et en tous temps sur les voitures de vitesse. Ils n'ont contre eux que l'inconvénient d'augmenter un peu l'entretien du chapitre pneumatique et d'ôter de la vitesse aux faibles voitures.

On doit en monter deux sur les roues arrière. Un seul à l'arrière vaut mieux que rien au point de vue dérapage, mais fatigue beaucoup le différentiel. Nous déconseillons de les monter un à l'avant l'autre à l'arrière.

Mais avant l'introduction courante de ces appareils en automobile, on disait que le meilleur antidérapant était le conducteur. En fait disons que neuf fois sur dix un beau dérapage est dû à la maladresse du conducteur. Voyons ce que le conducteur peut faire pour y remédier.

Il doit savoir et se rappeler que : le dérapage se produit toujours lorsque la voiture ralentit ou accélère brusquement, ce qui se produit principalement dans les coups de freins brutaux ; qu'il se produit très facilement dans un virage et dans ce cas d'autant plus dangereusement que l'on va plus vite ; qu'il se produit sur un terrain gras.

Donc nous devrons éviter ces circonstances et alors : ne jamais tourner en pleine vitesse sur terrain gras ; ne jamais tourner le moteur embrayé ; ne jamais donner de coups de frein dans un tournant.

Il faudra : modérer l'allure avant de prendre le tournant en freinant dans la partie droite qui le précède ; ne jamais freiner quand on est à portée d'un endroit dangereux, passage étroit, croisement d'une voiture en vitesse ; il faut freiner avant, débrayer en face l'obstacle et rembrayer après.

Si le dérapage commence sur un coup de frein, desserrer immédiatement le frein en tenant débrayé, et resserrer sitôt le mouvement de dérapage arrêté. Cette manœuvre doit être faite si vite qu'elle doit devenir instinctive, comme celle du bicycliste qui tourne son guidon pour garder son équilibre.

Enfin se rappeler qu'une seule roue arrière, roulant en bon terrain propre, sec ou lavé, suffit à empêcher le dérapage.

Même avec des antidérapants il est bon d'observer ces prescriptions ; car si la voiture ne dérape pas, les antidérapants supportent les efforts dus à ces maladresses et en souffrent.

Refroidissement. — Dans ce type, il est assuré par un grand *radiateur* (50) à tubes à ailettes, qui sert en même temps de réservoir d'eau. La circulation de l'eau entre cet appareil et le moteur se fait toute seule sans pompe, d'après le procédé dit par thermo-syphon.

L'eau sort du moteur par le dessus, par une pièce dite *pipe de sortie d'eau* (65) en bronze; elle y rentre par une *tuyauterie d'eau* en acier. Les liaisons de ces tubes avec le radiateur sont faites au moyen de *raccords en caoutchouc*, tenus par des *colliers*.

Un *ventilateur* est placé derrière, qui sert surtout pendant l'arrêt et la marche lente. Il est actionné par une *courroie* dont les extrémités sont reliées entre elles par une agrafe. Quand on veut la tendre, il suffit de dévisser l'écrou qui serre l'*axe de la poulie de ventilateur* sur son *support*. On tourne alors cet axe sur lui-même, et comme les roulements à billes sont excentrés, cela tend la courroie. Si cette opération ne suffit pas, on met la poulie dans la position la plus basse, en tournant son axe comme il vient d'être dit ; puis enlevant l'agrafe, on coupe un morceau de la courroie, et on repose l'agrafe. La courroie doit être assez tendue pour que l'on ne puisse pas tourner le ventilateur à la main sans effort.

Pour le refroidissement, ne pas employer si possible d'eau calcaire, reconnaissable à ce qu'elle savonne mal. Cela entarterait le cylindre, et le refroidissement se ferait ensuite mal. On pourra le détartrer, en faisant séjourner une solution à dix pour cent d'acide chlorhydrique dans la circulation d'eau du cylindre, mais la tuyauterie d'eau et la pipe de sortie d'eau enlevées. Ou bien encore en mettant du tartrifuge pendant deux ou trois sorties ; ce liquide est vendu pour faire la même opération dans les chaudières à vapeur ; ne pas s'étonner si l'eau mousse.

Pour éviter l'entartrage il n'y a qu'à employer de l'eau de pluie. L'eau de source livrée à Paris est bonne également.

En hiver il ne faut pas laisser l'eau geler dans les cylindres, ce qui les ferait fendre. Pour cela il suffit de vider l'eau quand on arrêtera la voiture.

Ou bien on additionne l'eau de 20 à 30 pour cent de glycérine, à laquelle on ajoute gros comme une noix de carbonate de soude. Ce liquide ne peut geler. Il faut éviter les fuites d'eau, car on perdrait un liquide relativement coûteux. Si le liquide baisse par évaporation, il suffira de compléter avec de l'eau pure, la glycérine ne s'évaporant pas. On voit d'ailleurs au toucher s'il y a assez de glycérine, le liquide doit être onctueux.

En cours de route et sans glycérine on évitera sûrement la gelée en laissant tourner le moteur sans courroie au ventilateur.

Entretien mécanique et réglage des divers organes du chassis

Direction. — La direction comprend tous les organes qui permettent de manœuvrer les roues avant, donc, de faire tourner le véhicule en marche. (Voir fig. 6.)

Elle comporte : en premier lieu la *boîte de direction* (56), sorte de carter en bronze placé au bas du *tube de direction* (67) ; cette boîte de direction contient *la vis sans fin* (56) en acier qui engrène avec le *secteur denté* en bronze (57).

De cette boîte de direction sort horizontalement *l'axe du secteur denté* (58), lequel porte extérieurement *le doigt de direction* (59). Ce doigt est terminé par une boule prise entre les *deux mâchoires* d'une boîte à ressort dite *boîte d'amortisseur* (66).

Il sera bon, de temps à autre, de démonter cette boîte d'amortisseur. Pour cela, on enlève sa grosse goupille, et l'on dévisse le chapeau par la tête à six pans qu'il porte (68). Tout vient. On remarquera si la boule du doigt n'est pas mâchurée par les mâchoires ; sans quoi la direction serait très dure et l'on pourrait fausser quelque chose dans les efforts que l'on devrait faire. Si les ressorts sont cassés, on les remplace. On remontera en garnissant complètement de graisse consistante, et on devra conserver cette articulation délicate dans une gaine en cuir pleine de graisse. Au remontage, on serrera le chapeau de la boîte d'amortisseur jusqu'à ce qu'il n'y ait plus de jeu, sans cependant donner de dureté ; et surtout on n'oubliera pas de remettre la clavette, sans quoi on perdrait la direction en route.

A l'usage, la vis sans fin et le secteur denté de la boîte de direction prennent du jeu par usure. On peut *rattraper ce jeu* sans rien démonter ni rien changer. D'abord on constate qu'il y a du jeu par ce fait qu'en tournant légèrement le volant d'une main, le doigt de direction tenu à la main ne bouge pas. On enlève ce jeu en faisant tourner sur elles-mêmes *les douilles excentrées* (60) de l'axe du secteur denté (58) de la direction. Ces douilles sortent extérieurement de la boîte de direction et possèdent une série de trous. Deux vis (61) passées dans deux de ces trous les retiennent. On les enlèvera, on tournera la douille et on revissera dans d'autres trous. Naturellement on aura tourné la douille assez pour supprimer presque le jeu. Il ne faut pas chercher à le supprimer complètement, ce serait impossible et d'ailleurs nous engageons les chauffeurs à ne pas se presser de faire ce resserrage et à ne pas craindre un léger jeu dans la direction.

La barre (49) munie de deux chapes (48) à vis à ses deux extrémités et qui lie les *leviers de fusée* des deux roues avant s'appelle la *barre de direction*. Elle est réglable de façon à permettre de rectifier, en cas où il viendrait à être modifié à la suite d'un choc, le parallélisme des roues avant. Ce parallélisme a une grande importance non seulement sur l'usure des pneumatiques des roues d'avant, mais aussi sur le dandidement de ces roues et la sûreté de direction. Nous n'indiquerons pas ici le procédé de vérification de ce réglage.

De même, vérifier si les axes verticaux (38) de pivotement des fusées des roues avant n'ont pas de jeu. Ceci ne pourrait se produire qu'après un long usage sans graissage. Le rattrapage de ce jeu ne peut être fait qu'à l'usine en changeant la douille en bronze de l'axe.

Allumage. — L'allumage de nos voitures, du système dit à rupteurs ou à basse tension, se compose de deux parties : la magnéto (52) et les rupteurs.

La magnéto est placée à gauche du moteur en 52 (fig. 1). Le mécanicien ne doit jamais y toucher ; car elle ne doit jamais se détériorer, et si jamais cela arrivait, il n'a rien de ce qu'il faut pour la réparer ; et de plus un démontage la perdrait à tout jamais.

Si par hasard on séparait la magnéto de sa commande, par exemple pour avoir la pompe à huile, le repérage serait instantané puisque son cône est claveté.

La magnéto se graisse par les deux petits couvercles qui recouvrent ses paliers, et à l'aide d'un peu d'huile. Si l'on mettait trop d'huile, on pourrait encrasser le contact de mise à la masse (69). On le nettoiera à l'essence après l'avoir démonté en le dévissant avec un petit tournevis. Cet encrassement empêcherait la magnéto de donner du courant.

Les rupteurs comprennent *les tampons de rupteurs* (35) qui ne font qu'un avec les bouchons d'admission et les *tiges de rupteurs* (32), longues tiges prenant leur mouvement dans le carter du moteur sur l'arbre à cames et actionnant les *leviers de rupteurs* (33).

Chaque tampon de rupteur comprend : son

bâti en acier, son levier de rupteur à double branche, l'une dehors, l'autre dedans ; cette dernière touchant la tige isolée de l'inflammateur et rappelée contre elle par un ressort dit ressort d'inflammateur. La tige de l'inflammateur est isolée électriquement du bâti du rupteur par deux cônes en stéatite.

Les ennuis que l'on peut avoir avec l'allumage à basse tension sont bien faibles : c'est d'abord un encrassement par l'huile des rupteurs. On les démontera, ce qui demande une minute ; il n'y a en effet qu'à dévisser les deux gros écrous (70) qui retiennent les *cavaliers* de fixation (71). On nettoiera à l'essence et au papier de verre l'inflammateur et le marteau du levier de rupteur, au moins sur les parties qui viennent en contact ; et on remontera. Si un inflammateur dans cette opération présente un plat, il suffira de le desserrer par son écrou extérieur, le tourner d'un quart de tour et le resserrer.

Enfin le point d'allumage peut varier, cela est un peu plus délicat, et surtout influe beaucoup sur la vitesse de la voiture. On le règlera toujours, en laissant les tampons de rupteurs en place, desserrant légèrement le petit écrou terminant la tige de rupteur et mettant son doigt en bonne position.

Voyons comment trouver cette position et comment constater d'une manière générale que l'allumage est au point pour les quatre cylindres également.

On commence par enlever le capot et le plancher du conducteur, de façon à voir le volant (72) fig. 1. Sur ce volant on trouve des marques, en particulier celle marquée A V, qui veut dire avance. Il faut que le trait A V soit placé vis-à-vis du repère de la planche, bien dans la verticale, au moment où le doigt de la tige de rupteur vient tomber et frapper le levier de rupteur. Au-dessous des traits A V on trouve les deux chiffres indiquant les numéros des cylindres pour lesquels cette rupture doit se faire. Les cylindres sont numérotés en prenant le premier le long du capot.

Maintenant, pour simplement constater que l'avance est la même pour tous les cylindres, on opère ainsi. On met le moteur en route et on le fait tourner à sa vitesse normale, plutôt plus même. On enlève successivement trois des *fiches* d'allumage plantées dans les inflammateurs pour leur amener le courant. Le moteur se trouve ainsi conduit par un seul cylindre à la fois. Il faudra que la vitesse obtenue et reconnaissable à l'oreille soit la même pour les quatre cylindres. Si l'un deux entraînait plus lentement que les autres, c'est qu'il manquerait d'avance ; s'il faisait cogner, c'est qu'il en aurait trop et le moteur cognerait d'ailleurs lorsque tous les cylindres donneraient ensemble.

Carburateur. — Le carburateur est du type commun dit à giclage.

L'essence est maintenue à un niveau constant grâce à un *flotteur* qui, lorsqu'elle a atteint la hauteur convenable, vient appuyer sur un *pointeau* ; ce dernier, sous la pression du flotteur, obstrue l'orifice d'arrivée d'essence jusqu'au moment où, le niveau et le flotteur s'étant abaissés par suite de la consommation du moteur, le pointeau redevient libre ; l'essence rentre dans la boîte du flotteur et ainsi de suite.

Cette essence passe de ce *vase à niveau constant* dans un tube vertical où elle débouche par un orifice très fin appelé *gicleur* G (voir fig. 7). Elle est alors violemment aspirée par la dépression du moteur, elle se divise en gouttelettes extrêmement fines qui, se mélangeant à l'air, et s'y volatilisant en proportion convenable, donnent le mélange explosif qui pénètre dans le cylindre.

Notre carburateur est *automatique*. C'est-à-dire que le dosage de l'air et de l'essence se fait automatiquement. Il est muni de deux prises d'air :

l'une A réglée une fois pour toutes et suffisante pour la marche ralentie du moteur; l'autre B s'ouvre automatiquement et plus ou moins suivant la vitesse. Elle se compose d'une soupape B maintenue sur son siège par un ressort réglable quant à sa dureté, en vissant le boisseau C dans le corps du carburateur. Ce boisseau sera immobilisé complètement dans sa position de réglage en serrant l'écrou molleté V comme l'indique la figure. Enfin les deux écrous D vissés l'un sur l'autre servent à limiter la hauteur de levée de la soupape.

Le réglage est fait par le constructeur. Comme il peut toujours arriver qu'un écrou se desserre, montrons comment retrouver le réglage donné par le constructeur. Il suffira de resserrer seulement ce qui s'est desserré et voici comment : si ce sont les deux écrous D, on les resserrera de telle sorte qu'il reste un jeu de 4 millimètres entre le dessous de l'écrou du bas et le corps du carburateur ; cela donne la hauteur de levée de la soupape. Si, au contraire, c'est l'écrou V qui s'est desserré et que le boisseau C ait suivi le mouvement, alors on revissera C jusqu'à ce que la distance des dessus de ce boisseau, au-dessous de l'écrou D, soit de 4 millimètres. Cela fait, on immobilise C par l'écrou V, qu'on tourne avec la clef à S spéciale.

Pour les chauffeurs encore plus soigneux, nous

donnerons des indications de réglage de la soupape, corrigeant le réglage donné par l'usine. Mais nous les avertissons d'avance qu'ils risqueront fort de s'attirer plutôt des désagréments à chercher ce réglage eux-mêmes : Si l'on a trop d'essence au moteur, il faudra donner plus d'air, ce que l'on fera en desserrant le ressort C, c'est-à-dire en dévissant de 3 à 4 tours seulement le boisseau C. On relèvera les écrous D de la même quantité pour garder la course de la soupape. La manœuvre inverse conviendra si l'on n'a pas assez d'essence. Si enfin la correction de ce dernier défaut par la soupape ne suffisait pas, c'est que le gicleur serait bouché (voir plus loin) ou que dans un démontage on aurait donné un coup maladroit avec la clef sur la tête du gicleur, ce qui, en la matant, aurait diminué le trou d'arrivée d'essence. Il n'y aurait qu'à remplacer le gicleur par un neuf.

Les signes qui permettront de voir s'il y a trop ou pas assez d'essence au moteur, sont les suivants: Si le moteur fume, d'une fumée bien noire parce qu'elle contient de la suie, il y a trop d'essence. Une fumée plus claire et bleuâtre ne tient pas à cela, mais à un excès d'huile dans le moteur ; le réglage du carburateur est beaucoup plus difficile à faire avec un excès d'huile ; on devra l'éviter. Un grand excès d'essence se reconnaît aussi à ce que le moteur chauffe fort des cylindres, et que particulièrement le tuyau d'échappement et le silencieux sont plus chauds qu'à l'ordinaire.

Le manque d'essence se révèle par la marche saccadée du moteur qui donne des ratés ; quelquefois, même, des explosions dans le carburateur, lesquelles ne sont d'ailleurs nullement dangereuses ; enfin, les gaz d'échappement ont une odeur désagréable caractéristique, et piquent les yeux ; le moteur n'a pas de souplesse et se cale facilement au ralenti.

Tous ces réglages méticuleux sont généralement inutiles en route. Mais voyons maintenant les pannes que peut donner le carburateur et qu'il faut savoir réparer.

Si, en cours de route, le moteur ralentit sans secousse et finit par s'arrêter, c'est une panne causée par le manque d'essence. Si l'essence arrive au vase à niveau constant, ce que l'on voit en appuyant légèrement sur le bouton qui surmonte ce vase, jusqu'à ce que l'essence déborde du vase, c'est que le gicleur est bouché par une saleté. Dans ce cas : enlever le bouchon de l'obturateur F qui se trouve au-dessus de la chambre de pulvérisation et dévisser le gicleur G avec la clef spéciale, en faisant bien attention de ne pas le cogner pour mater et fermer son orifice. Puis le déboucher en soufflant dedans, mais sans se servir d'aucun outil qui agrandirait le trou ; et enfin remettre le tout en place après avoir à nouveau fait couler l'essence pour nettoyer la conduite. On aura dû, naturellement, pendant cette opération, fermer le robinet d'arrivée d'essence.

Si l'essence n'arrivait pas au vase à niveau constant, et qu'il y en ait encore dans le réservoir, c'est que la tuyauterie serait bouchée ; on la déboucherait avec un fil de fer. Ou bien il pourrait arriver que le tamis d'essence placé derrière le robinet soit encrassé ; on le démontera, on le grattera légèrement ou on le flambera loin de la voiture et on le remettra en place.

Si l'on constate que le liquide arrive en trop grande abondance, et que le niveau d'essence est trop élevé dans la boîte du flotteur, que l'essence s'écoule à terre à l'arrêt et qu'en marche le moteur chauffe beaucoup, surtout de l'échappement, c'est que le pointeau ne ferme plus. Dans ce cas, appuyer légèrement et en tournant sur le bouton du vase à niveau constant pour roder le pointeau sur son siège. Cela suffit généralement. Si cela ne suffit pas, fermer le robinet d'essence, dévisser le couvercle du vase à niveau constant, tenu par ses trois vis, retirer le couvercle et le flotteur ; nettoyer le pointeau, le roder à l'émeri même s'il y a un cran dans la pointe ; ouvrir le robinet d'essence pour balayer les impuretés ; fermer le robinet, enlever l'essence avec un chiffon bien propre, de façon à faire disparaître toutes les impuretés. D'autre part, constater que le flotteur flotte encore, ou autrement dit qu'il n'est pas percé. Pour cela, l'agiter à l'oreille afin de savoir s'il ne contient pas d'essence.

Si cela était : on le videra en le posant sur une partie chaude du moteur, le radiateur ou le dessus du moteur par exemple ; l'essence sortira par où elle est rentrée et indiquera le trou généralement imperceptible. On bouchera ce trou par un grain de soudure, mais en prenant soin de ne pas alourdir le flotteur de plus de 2 grammes. Si l'on n'a pas de ferblantier sous la main pour faire cette soudure, alors on remontera le flotteur vidé de son essence ; on se remettra en route et on se dépêchera d'aller trouver le ferblantier qui vous ressoudera votre flotteur ; l'essence est, en effet, assez longue généralement à rentrer pour qu'on y parvienne. Maintenant, le grand et pratique remède, c'est d'avoir dans son coffre, dans une petite boîte en bois à l'abri des bosselages et des coups, un *flotteur de rechange*.

Boîte de changement de vitesse. — Nous avons donné à l'article graissage les indications nécessaires pour la nomenclature des pièces. Il n'y a aucun réglage à faire à cette boîte. S'il y a des pièces cassées, c'est un mécanicien seulement qui peut les remplacer ; et par le regard on peut très bien voir si tout est à sa place.

Essieu différentiel. — Nous en disons exactement autant. Mais ici nous ajouterons que le pignon de commande de la couronne de différentiel peut s'user. On le verra en enlevant l'arbre portant le pignon (14). Les cardans peuvent s'user aussi. On les remplacera facilement. Mais pour ces trois dernières pièces, que le conducteur se rappelle qu'elles ont à subir tous les à-coups de frein et de démarrage de la voiture ; donc, qu'il devra bien les graisser, et surtout qu'il ne devra pas conduire brutalement pour les faire durer. Dans ces dernières conditions, elles dureront autant que la voiture elle-même.

Moteur. — Nous placerons ici certaines précautions indispensables à connaître pour ne pas massacrer la voiture. Elles ne sont pas applicables seulement au démontage du moteur, mais elles le sont surtout pour lui :

Ne jamais frapper sur acier avec un marteau en acier, prendre comme intermédiaire un bout de jet de cuivre rouge ou se servir d'une masse en cuivre rouge. Ne jamais frapper sur un axe sans tenir coup, de l'autre côté, avec une masse aussi lourde que possible et sensiblement plus lourde que celle servant à frapper.

Ne jamais frapper avec un marteau sur un cylindre ou pièce en fonte. Il faut se servir d'un objet en bois.

Prendre autant que possible des clefs de calibre. Et si l'on est obligé de se servir de clefs anglaises, bien les ajuster et les prendre proportionnées aux grandeurs des écrous ; en serrant un petit écrou avec une grosse clef, on risque de le guillotiner et, en tous cas, on ne sent pas s'il entre bien, donc s'il est bien dans son pas.

Si un écrou résiste au démontage par suite de grippage ou de rouille, l'imbiber de pétrole, attendre un peu, et essayer de nouveau son démontage.

Ne jamais oublier qu'il faut s'armer de patience dans toutes les réparations à faire ; et qu'il n'y a jamais lieu d'employer des procédés brutaux dans les démontages.

Les défauts principaux que peut prendre le moteur à l'usage sont : un défaut de compression, une fuite d'eau, du jeu dans la distribution, ou enfin du jeu dans les coussinets de l'arbre vilebrequin. Voyons successivement comment nous y remédierons.

Défaut de compression du moteur. — On le constate en tournant le moteur à la main par la manivelle de mise en marche (51) ; ont sent les quatre résistances en deux tours que donnent les quatre cylindres. Elles doivent être les mêmes. De plus, en tirant tout doucement, la résistance ne doit pas disparaître, sinon cela indiquerait que le gaz comprimé fuit par quelque part.

Le plus souvent la fuite provient des bouchons de soupapes ou des rupteurs eux-mêmes. Pour le constater, ont met de l'huile tout autour des bouchons, sur l'inflammateur, à l'axe du levier de rupteur, et enfin aux robinets de décompression. En tournant le moteur à la main, l'huile moussera là où sera la fuite.

Si c'est au joint d'un bouchon, on enlèvera ce bouchon, comme nous l'avons dit à l'allumage, par l'écrou (70) et le cavalier (71, fig. 1). On remplacera le joint par un neuf après avoir gratté avec une lame de tournevis les parties où reposent le joint. On doit toujours renouveler l'essai.

Si c'est le levier d'inflammateur, on le démontera par son écrou extérieur et on rodera à l'émeri le cône d'obturation qu'il porte, sur son siège, comme nous le verrons à propos des soupapes. Pour l'inflammateur : on desserrera son écrou extérieur, et on remplacera les cônes de stéatite. Ceux-ci doivent entrer juste sur le corps d'inflammateur et naturellement ne pas être cassés en deux.

Si cet essai n'a pas révélé de fuite à cet endroit, alors seulement on démonte et on rode les soupapes. Disons de suite qu'il ne faudra pas changer entre elles les soupapes, ni les ressorts, ni rien ; il faut les remettre d'où elles viennent, sans cela on ferait plus de mal que de bien. Nous ne conseillons pas du tout de démonter ces soupapes quand il n'y a pas de fuite au moteur ; ou bien alors il suffira de le faire tous les 8.000 kilomètres environ, lorsqu'un épaulement s'est fait sur le siège. A ce moment on les rectifiera au tour.

Pour procéder à l'opération :

On dévisse complètement le gros écrou (70) serrant le cavalier (71) de fixation des bouchons de soupape ; on retire ces bouchons. Il faut quelquefois les décoller avec un tournevis, cela a l'inconvénient d'abîmer le joint qu'il faudra remplacer. Ensuite maintenir la soupape avec un tournevis afin qu'elle ne puisse remonter ; soulever la calotte maintenant le ressort et retirer la clavette.

Pour avoir la soupape, il suffira de passer un tournevis au travers des spires du ressort et de pousser sur la queue de la soupape, jusqu'à ce qu'elle monte assez pour dépasser le trou du bouchon et pouvoir être prise à la main. Pour cette opération, il est absolument inutile de démonter les tuyauteries d'admission et d'échappement afin de pousser les soupapes par les trous d'entrée ou de sortie des gaz. Si toutefois il était indispensable de démonter ces tuyauteries, il faudrait le faire avec précaution sans employer ni le marteau, ni le tournevis ; sans cela on pourrait tordre un des goujons du cylindre, et faire casser la fonte de celui-ci. De même pour le serrage de ces écrous, s'y prendre avec douceur.

Les soupapes une fois enlevées, on inspecte les sièges des soupapes et leur repos dans leur cylindre, après les avoir soigneusement essuyés. Ils doivent être brillants sur tout leur pourtour, sans trace de brûlure ou de coup de feu. Toutes celles qui ne seraient pas brillantes doivent être rodées. C'est presque toujours celles d'échappement ; aussi, bien des conducteurs, avec raison, démontent-ils d'abord et seulement ces dernières, surtout sur la route.

Bien entendu, si un seul cylindre ne comprime pas, on ne fera ces recherches et démontages que pour celui-là sur la route. Mais au garage, du moment que l'un ne comprime pas, on fera aussi bien de les inspecter tous.

Pour remonter les soupapes, opérer en sens inverse : mettre les ressorts en place, puis les soupapes ; les maintenir avec un tournevis ; relever le ressort avec sa calotte et placer la clavette.

En levant le ressort, on sent sa force. Il faudra la comparer à ceux d'admission qui fatiguent moins ou, mieux encore, aux ressorts neufs que l'on doit toujours avoir en réserve. Si un ressort semble faible, le jeter impitoyablement, il n'y a rien à en faire. Pour le remplacer, n'employer que des ressorts fournis et tarés par l'usine.

Si l'on vient à démonter la pipe de sortie d'eau (65), on aperçoit dans le fond des cylindres des bouchons communiquant avec la chambre d'explosion. Il ne faut jamais les toucher. Ils ont été utiles pour usiner le cylindre et c'est tout.

Fuites d'eau. — Si c'est aux raccords de caoutchouc, resserrer les colliers, sinon les remplacer par un tuyau de caoutchouc neuf. Mais une fois en place, ne pas les toucher ; c'est comme cela qu'ils fuiront le moins. Ils collent aux tubes et on ne peut plus les en arracher sans les déchirer. Il faut qu'il existe un jeu de un à deux centimètres entre les tuyaux et les raccords du radiateur, sans quoi les caoutchoucs se briseraient constamment.

Si ce sont les raccords avec les cylindres qui fuient, les démonter, garnir les parties en contact de *mastic à la céruse* que l'on trouve chez tous les plombiers et remonter en écrasant par la pression le mastic. Il est inutile autant qu'absurde de mettre des joints en cuivre et amiante aux raccords d'eau. Car l'eau désagrège l'amiante et la fuite recommence de suite. C'est encore un démontage qu'il ne faut jamais faire s'il n'est rendu nécessaire par une fuite.

Maintenant une fuite peut provenir d'un éclatement des cylindres dû à la gelée. Si la fente est extérieure, on peut la réparer à la soudure autogène ou bien encore en remplissant la chambre à eau du cylindre d'une solution d'acide chlorhydrique à 10 %. La fente se bouche d'elle-même par une sorte de rouille. Si l'un des procédés réussit, tant mieux ; mais ni l'une ni l'autre de ces recettes n'est infaillible. Si la fente est à l'intérieur de la chambre d'explosion, il n'y a qu'à jeter le cylindre. Les procédés précédents ne donnent que du mauvais travail pour ces fuites intérieures au cylindre.

Vérification de la distribution. — Si l'on veut obtenir du moteur toute sa force, il est indispensable que les moments d'ouverture ou de fermeture des soupapes soient bien réglés. S'il n'en est pas ainsi, le moteur peut perdre de sa force, mais pas beaucoup, l'usure normale des soupapes ayant l'avantage d'altérer la distribution dans le sens qui la gêne le moins. Le travail suivant est surtout indispensable quand on remet un clapet neuf ou que l'on veut faire rendre au moteur tout ce qu'il peut.

Pour faire cette vérification :

On desserre les bouchons de soupape d'un côté pour n'avoir plus de compression, ou bien on ouvre les quatre robinets de décompression quand il y en a. On enlève le plancher du conducteur pour avoir le volant sous les yeux. Sur ce dernier on voit des traits de repère ; ils sont marqués et doivent se trouver juste dans la verticale, vis-à-vis du repère tracé sur la planche au moment du commencement de levée des soupapes, ou de leur fin de fermeture. On s'assurera de ces instants en mettant une feuille de papier mince entre le poussoir de soupape d'une part et la queue de soupape d'autre part. Si on la peut retirer, le contact n'a pas encore lieu, si non le contact a lieu. Cette méthode est sûre et précise et il ne faut pas en effet se fier à l'œil toujours trompeur en l'occasion.

Ces marques sont les suivantes avec leur signification :

C. A. commencement admission;
C. E. commencement échappement;
F. A. fermeture admission;
F. E. fermeture échappement.

Suivent en dessous de ces signes les numéros des cylindres auxquels ils correspondent, le numérotage ayant lieu de l'avant à l'arrière de la voiture, donc le cylindre n° 1 étant près du radiateur.

Si l'on constate que le contact commence trop tôt, et finit trop tard, c'est que la queue de la soupape est trop longue ; on la démonte et on la lime.

Si au contraire on voit que le contact commence trop tard et finit bien, avec de vieilles soupapes, cela prouve que la came commandant le poussoir de soupape est mangée. Il faudra demander un nouvel arbre à came à l'usine et le faire changer par un mécanicien de profession. Mais que le chauffeur sache bien qu'un jour, un seul suffit, le carter de son moteur a manqué d'huile.

Enlever le jeu de l'arbre vilbroquin. — Lorsque le moteur a roulé longtemps, 30,000 kilomètres au moins, ou bien s'il a manqué d'huile, tous les coussinets de l'arbre vilbroquin peuvent avoir pris du jeu. On entend très distinctement alors en marche, et quand le moteur tourne très vite, une succession de chocs, ou coups au son métallique, dans l'intérieur du carter. Cela ne vous empêche pas de rouler encore, mais il faut y remédier pour ne pas risquer une détérioration complète.

On peut atteindre ces coussinets en mettant la machine sur une fosse, en levant le carter en tôle du châssis ; puis le carter du dessous du moteur. Un mécanicien habile peut, sans rien démonter d'autre, resserrer les coussinets et leur permettre de faire encore un millier de kilomètres sans démontage complet. Mais après cela il faudra redonner le moteur à l'usine; surtout quand cette pièce importante a pris un tel jeu, il n'y a pas qu'elle à revoir. La manière de resserrer ces coussinets nous ne l'indiquerons pas, car elle est délicate à faire et ne peut être faite que par quelqu'un du métier.

Embrayage. — Pour que l'embrayage fonctionne bien, il faut et il suffit qu'il revienne bien coller sur le volant et y adhère bien en marche.

Si le cône ne serre pas bien le volant, alors il y a glissement, ce que l'on reconnaît à ce que le moteur tourne beaucoup trop vite pour la vitesse qu'il donne à la voiture; et aussi en touchant l'embrayage qui chauffe beaucoup. On dit que l'embrayage patine. L'inconvénient est que le cône chauffe au point que le cuir brûle, ou même s'il ne brûle pas, se polit et perd toute adhérence.

On évitera cela en remarquant si la pédale du débrayage n'est pas gênée par le plancher et peut bien se développer assez pour serrer même après usure du cône en cuir.

Si malgré cette précaution le cône patine, on peut l'en empêcher en le garnissant de talc, dont on a toujours puisqu'il sert pour les pneumatiques; ou bien encore en le garnissant généreusement d'essence, ce qui enlève l'huile qui pourrait exister sur lui; tout cela sans rien démonter de l'embrayage.

Il y a également lieu de veiller à ce que le débrayage puisse se faire assez à fond pour que le cône décolle bien le volant. Si non le passage d'une vitesse à une vitesse supérieure est difficile. On fera facilement ce réglage en agissant sur les chapes à vis des tringles qui commandent le débrayage pour raccourcir la course. C'est facile à comprendre sur la voiture elle-même.

Un mauvais graissage de l'axe de l'embrayage (42) peut donner aussi de la difficulté pour débrayer, on se rappellera qu'on le graisse par les trous (41 et 41 bis) ménagés à cet effet (voir fig. 5).

Si l'on veut avoir le cône pour remplacer le cuir; rien de plus facile. On enlève les boulons (74) qui le tiennent à l'arbre allant au changement de vitesse. Et aussi les huit boulons (75) qui tiennent la couronne rapportée (76) au volant lui-même.

Les deux moitiés du cône viennent alors toutes seules.

Freins. — Ce sont des organes qu'il faut beaucoup surveiller. On ne doit pas sortir pour ainsi dire sans les vérifier ; ce qui est facile en les faisant agir successivement avant de partir. On peut bien rappeler à ce propos que dans les chemins de fer, jamais un train ne part sans qu'on ait vérifié d'abord ses freins, wagon par wagon. Pour le frein sur le différentiel, il faudra rattraper l'usure produite par le frottement sur les segments en bronze de la bande extensible de ce frein. On le fera en tournant simplement le gros écrou à oreille qui sert d'attache entre le levier du frein au pied lui-même et ses tiges de commande.

Pour les freins arrière, comme ils possèdent un palonnier, il suffira de lever le plancher, défaire la chape de la tringle de tirage du palonnier très facilement accessible par le plancher du conducteur. tourner cette chape sur son pas de vis de quelques tours et remonter la chape.

Quand pour l'un et l'autre frein les sabots sont usés, il suffit d'en redemander à l'usine et de les river sur leur monture en acier à la place des anciens avec des rivets en cuivre rouge.

Liste des objets à emporter en voyage avec la voiture. — Nous croyons être utile à nos clients en leur donnant la nomenclature de l'outillage d'une part, et des pièces de rechange d'autre part que nous leur conseillerons d'avoir toujours dans leur voiture en voyage :

OUTILLAGE

2 grandes clefs anglaises, ou un jeu de clefs calibrées,
1 clef pour les roues,
1 tournevis fort et long,
1 tournevis petit et court,
1 pince à gaz,
1 pince universelle,
1 marteau en acier,
1 jet de bronze,
1 lime tiers-point,
1 lime queue de rat,
1 burin,
1 chasse-goupille droit,
1 chasse-goupille coudé,
Toile émeri,
Un rouleau Chatterton,
1 rouleau fil de fer,
1 rouleau fil de laiton,
1 pelote de ficelle,
1 entonnoir pour l'eau,
1 entonnoir pour l'essence avec toile en cuivre,
1 burette à huile lenticulaire,
1 grande burette dite chemin de fer,

1 seringue à huile,
1 bidon d'essence de 5 litres,
1 bidon d'huile de 1 kilo,
1 boîte de graisse consistante,
1 nécessaire de réparation pour pneumatique,
1 cric lève-auto,
2 grands leviers remonte-pneus dits d'atelier,
2 manchons caoutchouc,
2 lacets pour manchons,
1 pompe à pneus avec manomètre,
1 boîte de mastic de caoutchouc.

RECHANGES

2 tampons d'allumage complets,

2 gros écrous de cavalier (de bouchons de soupape),

4 ressorts de tiges de rupteurs,

4 ressorts de leviers de rupteurs,

6 cônes en stéatite,

2 inflammateurs,

2 mètres fil isolé,

6 joints de bouchons de soupape,

6 joints de pipe d'admission ou d'échappement,

100 grammes mastic à la céruse dans boîte en fer-blanc quelconque,

2 raccords de caoutchouc pour circulation d'eau,

1 flotteur de carburateur complet dans une boîte en bois,

1 jeu de goupilles fendues,

1 jeu d'écrous assortis,

2 soupapes complètes avec ressort, calotte et clavette,

4 ressorts de rechange,

4 clavettes de soupapes,

2 ressorts pour boîte amortisseur de direction,

1 charbon de magnéto.

PNEUMATIQUES

Complètement à l'abri de l'atteinte des outils ou de l'essence et de l'huile :

4 chambres à air (dans des sacs talqués),

1 ou 2 enveloppes,

4 papillons pour pneumatiques,

1 Guide Michelin ou Continental, qui donnera toutes les indications pour les réparations de pneumatiques, en même temps que les ressources automobilistes des contrées que l'on traverse.

Clermont. — Imprimeries G. Mont-Louis.

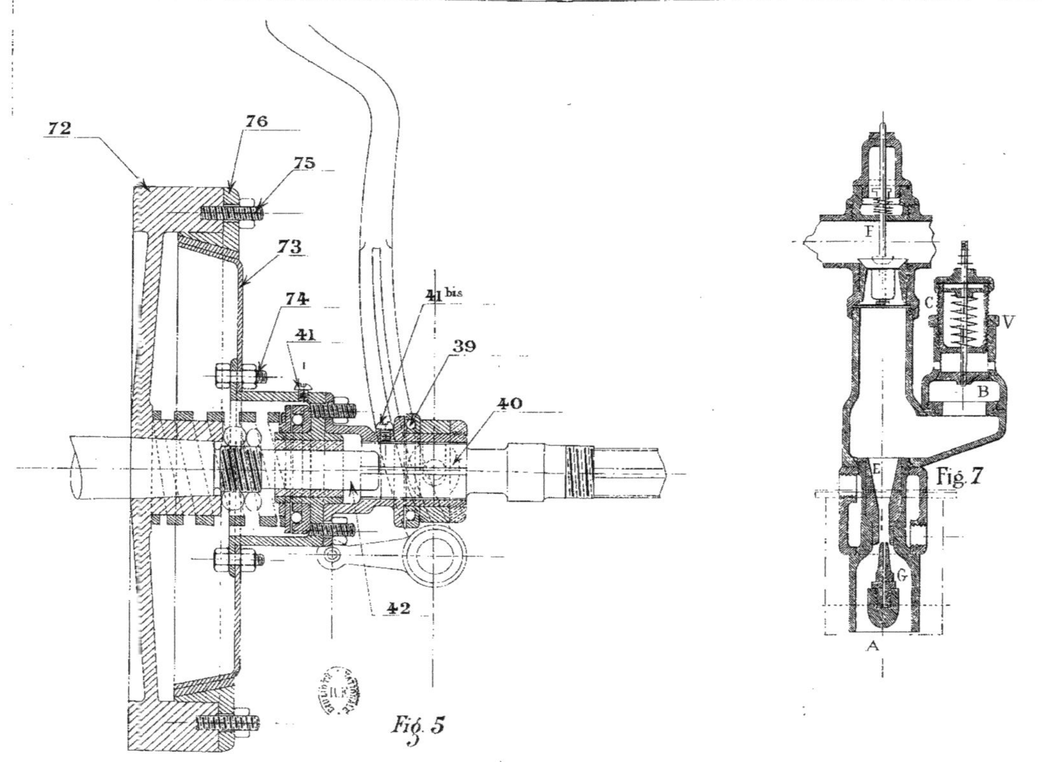

Fig. 5

Fig. 7

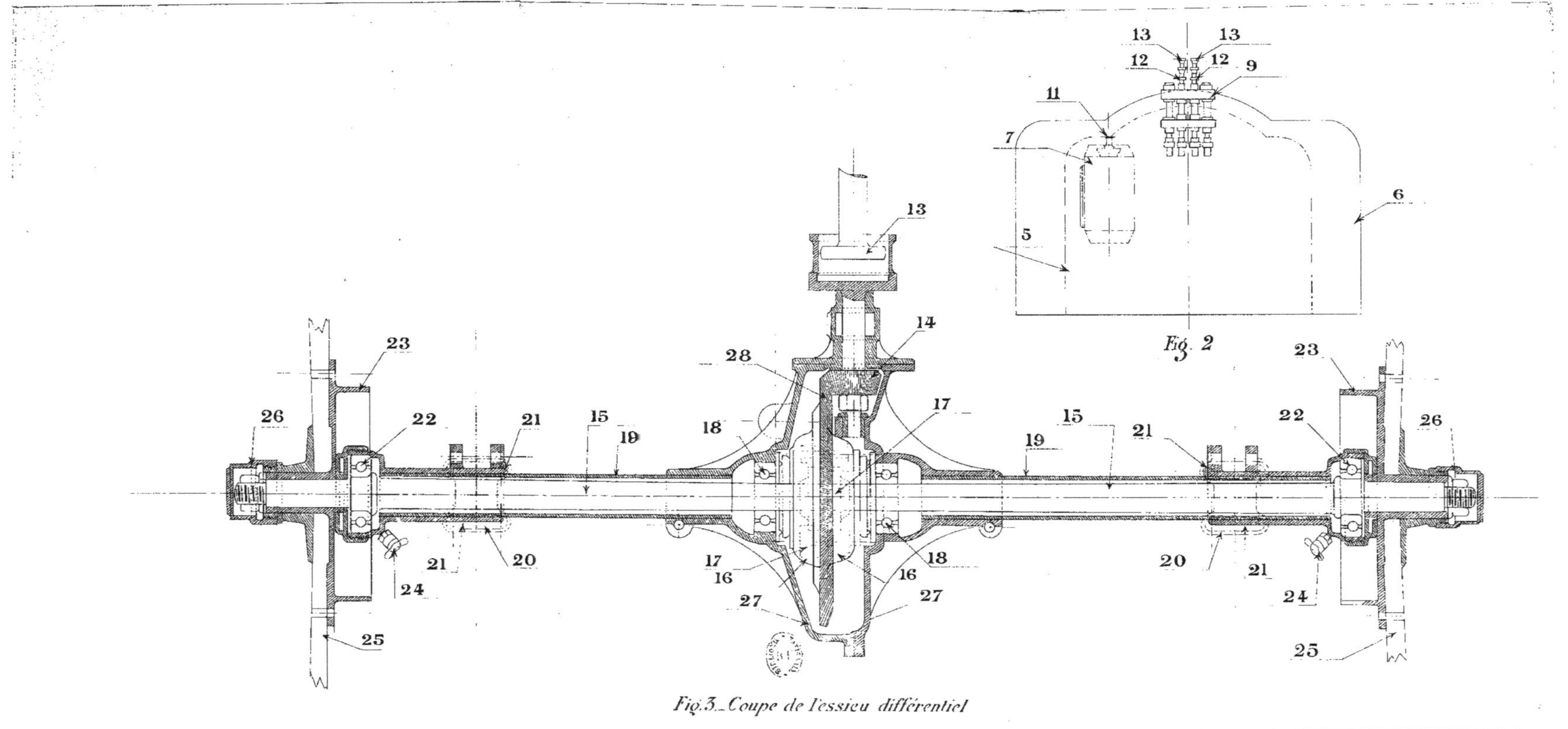

Fig. 3_Coupe de l'essieu différentiel

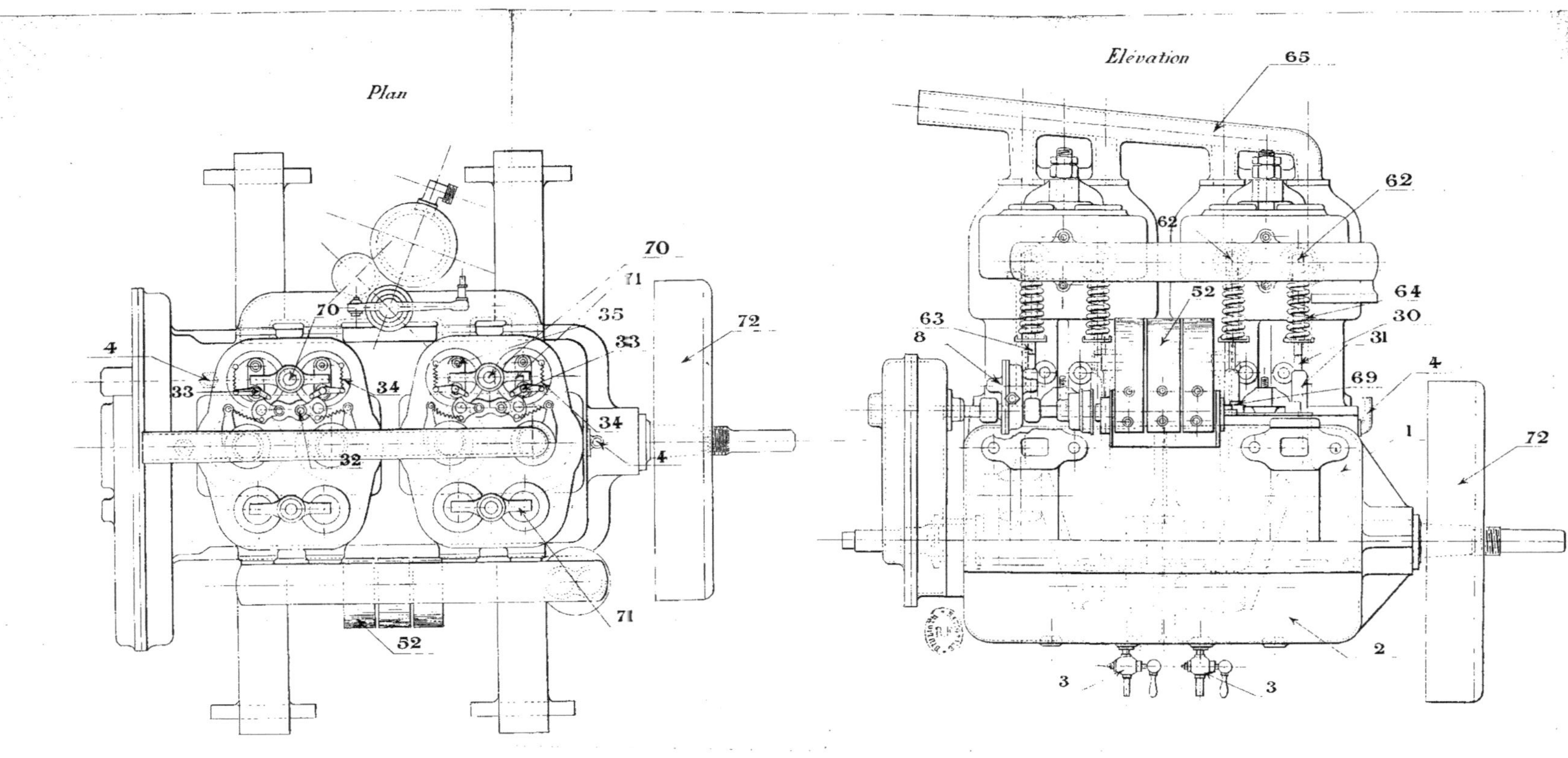
Plan
70
71
35
33
4
33
70
34
32
34
4
72
71
52
Élévation
65
62
62
52
64
30
31
63
8
69
4
1
72
2
3
3

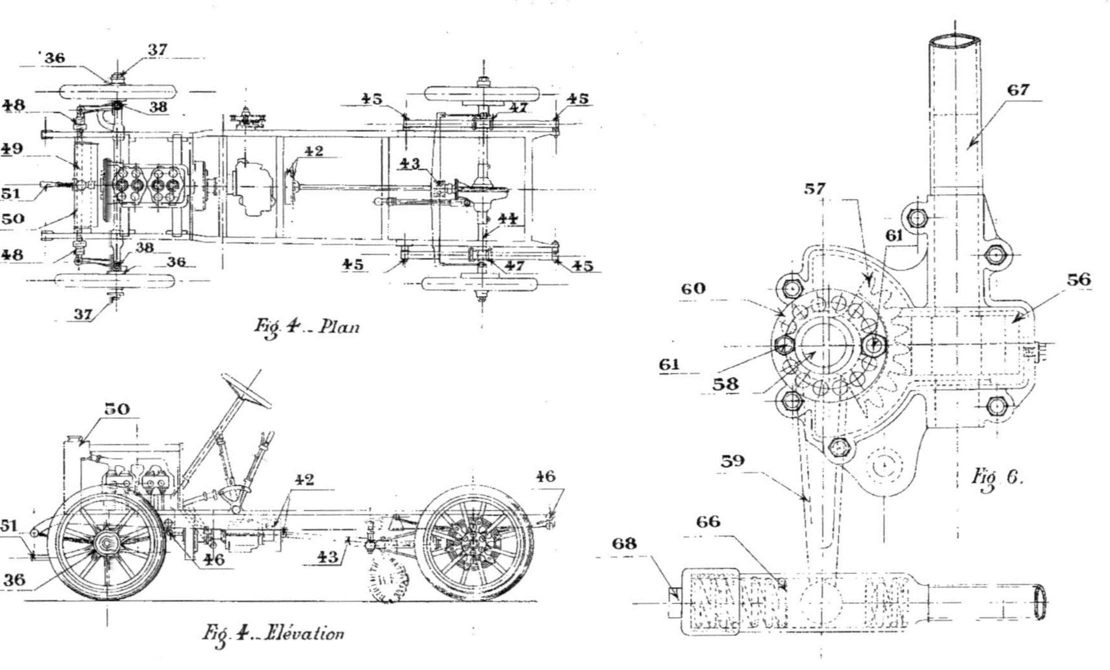

Fig. 4.. Plan

Fig. 4.. Elévation

Fig. 6.

www.ingramcontent.com/pod-product-compliance
Ingram Content Group UK Ltd.
Pitfield, Milton Keynes, MK11 3LW, UK
UKHW020329220726
13923UKWH00003B/1453